◆印は不明確な年号、ころの意味です。

文化	世界の動き	西暦
		1870
1875 新島襄、同志社英学校を創立		
1877 博愛社創立		
1879 教育令制定		
1881 西園寺公望『東洋自由新聞』		
1884◆鹿鳴館で西洋舞踏会開かれる		
1885 坪内逍遥『小説神髄』	1885 パスツール、狂犬病ワクチンの実用化に成功	
1887 二葉亭四迷『浮雲』		
1890 教育勅語発布	1891 ロシア・フランス同盟結成	1890
北里柴三郎、破傷風血清療法発見		
幸田露伴『五重塔』	1892 ドボルザーク、アメリカへ渡る	
1893◆正岡子規、俳句の革新をとなえる		
1894 北里柴三郎、ペスト菌を発見	1895 レントゲン、エックス線を発見	
1895 樋口一葉『たけくらべ』		
1897 俳句雑誌『ホトトギス』創刊	1899 清＝義和団事件	
尾崎紅葉『金色夜叉』		
		1900
1901 高峰譲吉、アドレナリンを創製	1900 フロイト『夢判断』	
1902 木村栄、緯度変化のZ項を発見		
1903 小学校国定教科書令公布	1901 チェーホフ『三人姉妹』	
1905 夏目漱石『吾輩は猫である』		
1906 島崎藤村『破戒』		
1907 義務教育6年になる	1907 イギリス・ロシア協商締結	
1909 森鷗外『スバル』創刊		
1911 鈴木梅太郎、オリザニンを創製	1911 清＝辛亥革命	
1915 芥川龍之介『羅生門』		
1917 本多幸太郎、KS磁石鋼を発明	1917 ロシア革命	
1918 新渡戸稲造、東京女子大学学長就任		1920

目　　次

伊藤博文	文・浜　祥子 絵・木村正志	6
田中正造	文・浜　祥子 絵・福田トシオ	20
北里柴三郎	文・松下忠實 絵・木村正志	34
大隈重信	文 松下忠實　絵 福田トシオ	48
高杉晋作	文 松下忠實　絵 福田トシオ	50
渋沢栄一	文 松下忠實　絵 福田トシオ	52
新島襄	文 松下忠實　絵 福田トシオ	54
陸奥宗光	文 松下忠實　絵 福田トシオ	56
中江兆民	文 松下忠實　絵 福田トシオ	58
西園寺公望	文 松下忠實　絵 福田トシオ	60
読書の手びき	文 子ども文化研究所	62

せかい伝記図書館　32

伊藤博文
田中正造
北里柴三郎

いずみ書房

伊藤博文
(いとうひろぶみ)

(1841—1909)

西洋に学び、日本の将来を見つめ、初代の総理大臣として活躍した、明治の政治家。

● 青びょうたん

　博文は子どものころ、林利助といいました。
「やーい、利助の青びょうたん。酒のんで赤くなれ」
　村の子どもたちは、やせっぽちで青い顔をした利助をこういってからかいました。
　利助の家は貧しい農家です。父の林十蔵は、たまった借金を返すために城下町の萩にはたらきに出ていました。るすを守る母は、あまりじょうぶでなく畑仕事も思うようにはできません。生活はいつも苦しく、利助の顔の青いのは、栄養失調のせいでした。
　それでも利助は元気でした。陽気でかしこい利助のことは、父の奉公先の伊藤家でもうわさされていました。
　林親子に目をかけていた伊藤氏は、十蔵に親子ぐるみで養子になるようにすすめました。

「村から妻子をよんで、ここでいっしょに暮らしてはどうかね。もっとも、わたしも長州藩（山口県）足軽の身分じゃ、じゅうぶんなこともしてやれんが……」

　こうして城下町の萩に移ったときから、利助は伊藤の姓になり、身分は低いけれども武士の子になったのです。

　それからは、暮らしも少しらくになり、二度と青びょうたんとよばれることはなくなりました。

● しだいに開かれていく目

　1853年に、ペリーが黒船をひきいて浦賀に現われていらい、幕府はそれぞれの藩を、港の守りにつかせてい

ました。
　15歳になった利助も、長州藩が守っていた三浦海岸の警備を命じられました。
　このとき、警備の指導にあたった隊長に、来原良蔵という学識ゆたかで太っ腹の人物がいました。この人とのであいが、利助のそのごの人生を大きく変えたともいえます。良蔵は、利助の才覚を見ぬいていました。
「みどころのあるやつだ。てってい的にきたえてやろう」
　利助は馬術や読書を教えこまれ、武士としての心がまえをきびしくしつけられました。
　1年の任務を終えて長州へ帰っていくとき、良蔵は吉田松陰、木戸孝允への紹介状を持たせて、いいました。
「人の上に立とうとするなら、ずっと先が見えなければならん。萩に帰ったら、この人たちをたずねなさい。わたしのよき友人だ。松下村塾で人間をみがきなさい」
　松下村塾には、幕府の政治のあり方や日本の将来を考えて熱心に学ぶ若者が、たくさん集まっていました。
　高杉晋作、久坂玄瑞など、血気さかんな門弟たちとの交わりで、利助もしだいに感化されていきました。

●師を失って

　1858年の6月、幕府の大老井伊直弼が、朝廷の許し

をえないまま、アメリカ外交官のハリスの強引さにおされて、日米修好通商条約をとりかわしてしまいました。
「朝廷を無視するとはなんということだ」
「幕府のかってなやり方は許しておけない」
　松下村塾だけでなく、全国のあちこちから、井伊大老に対する怒りの声がおこりました。
　こんな弱腰の幕府に政治をまかせておいては、とうてい外国にたちうちできない。天皇を中心に国力を強め、国民がひとつになって外国から日本を守ろうという尊王攘夷の考えは、まるで熱病のように広がっていきました。
　このとき、井伊大老は思いきった命令をくだし、幕府

に反対する尊王攘夷の志士を次つぎにとらえて処刑しました。安政の大獄とよばれるできごとです。

吉田松陰も、江戸に送られ処刑されてしまいました。

木戸孝允のお供をして、師の遺体をひきとりに行った利助は、やりばのないくやしさに歯をくいしばりました。

「先生、なんとおいたわしいおすがたに……」

このころから利助は、伊藤俊輔という武士らしい名前に変え、木戸孝允のおつきとして活躍しはじめました。

●イギリスへの留学

1863年、俊輔は士分に格あげされました。農民の子に生まれながら、21歳の若さで上級武士のなかま入りができたというのは、たいへんなことです。そのうえ、さらに大きな幸運がやってきました。イギリスへの留学です。

長州藩は攘夷論をとなえていましたが、外国が日本よりあらゆる面ですぐれていることは知っていました。それで、ひそかに、藩の有望な若者を外国にやって、いろいろな技術、とくに航海術をおぼえさせようとしたのです。

ロンドンに向かった5人の若者のなかに井上馨がおり、俊輔との交友関係は、そのごながくつづきます。

ヨーロッパの大国イギリスの土を踏みしめて、俊輔はおどろきのあまり、4、5日はまったくねむれませんで

した。蒸気機関車、馬車、ビルディング、工場。
「俊輔、こんなすごい国を相手に戦えると思うか」
「おれもそれを考えていたのだ。せまい国土のなかで、攘夷だ開国だと争っているときではないな。いまこそ国を開いて、この文明を学びとらなければ、日本は、世界からとり残されてしまうぞ」

　とにかく勉強です。イギリスを知るには英語ができなくては話になりません。5人の留学生は、英会話にはげみ、英語の新聞を読み、あちこちへ見学に出歩きました。
　毎日毎日がおどろきの連続です。俊輔の目は、せまい日本から世界へと、ぐんぐん広がっていきました。

こうして半年ばかり過ぎたある日「ロンドン・タイムズ」に日本の記事がでているのを見つけました。
「井上、たいへんだ。戦争になるぞ。イギリス、アメリカ、オランダ、フランスの四国連合艦隊が長州にむかって、攻撃をくわだてているそうだ」
「長州が勝てるはずはない。どうにかして、この戦いをくいとめなくてはたいへんなことになる。俊輔、帰ろう」
　5人で相談した結果、とりあえず、俊輔と井上が帰国することになりました。
　ふたりが横浜に着いたのは、四国連合艦隊の総攻撃を数日ごにひかえた1864年6月10日のことでした。

● **下関砲撃事件**

　俊輔と井上は、藩にもどるまえに、イギリス公使オールコックに面会しました。
「わたしたちが藩主に話して、むぼうな争いはやめるよう説得しますから、どうか、攻撃をのばしてください」
　オールコックは、俊輔たちの願いを聞き入れ、他の国の公使に話して、総攻撃を先に延ばすようつとめました。
　長州に帰ったふたりは、藩主の毛利敬親や重臣たちに勝ちめのない、むぼうな戦いであることを、いっしょうけんめい話しました。しかし、攘夷の空気はすさまじく

洋行帰りの若者の意見は、そうかんたんには受け入れられませんでした。

　藩内ではなかなか意見がまとまらず、会議をくりかえしているうちに、どんどんと日は過ぎていきました。

　そうしている間にも過激な尊王攘夷論派は、しだいに、幕府をたおそうと熱をおびてきます。

　幕府は、朝廷と結びつくことで生きのびようとし、日ましに討幕派との対立は激しくなっていきました。そしてついに京都で火ぶたがきられ、蛤御門の変となりました。俊輔が帰国して、ひと月ごのことです。

　長州藩の返事を待ちに待った四国連合艦隊も、とうと

うしびれを切らし、砲撃を開始しました。
　こうして、長州藩はさんざんに敗れ、下関砲台は、またたくまに連合軍に占領されてしまったのです。
「こんご、下関を通る外国船に、らんぼうをしない」ことを約束する講和がイギリスとの間にかわされたとき、俊輔は井上馨とともに通訳をつとめました。
　長州藩は大きな打撃をうけましたが、他の藩にさきがけて、外国の兵器がいかにすぐれているかを身をもって知りました。長州を征伐しようとしている幕府にたちむかうためには、進んだ兵器を備えることが先決です。
「長州藩には、いっさい兵器を売ってはならぬ」
　幕府は、外国側に手をうって、長州藩を苦しめます。
　長州も負けてはいません。
　土佐藩（高知県）の仲だちで、薩摩藩（鹿児島県）にたのみこみ、イギリス商人から大量の武器を買い入れました。またしても、このたいせつな役目をはたしたのが、りっぱな武士に成長した伊藤俊輔と親友の井上馨です。
　ふたりは、藩の指導的立場にある木戸孝允の手足となってかけまわり、反幕勢力は急速に結集していきます。
　長州はやがて薩摩と手を結び、幕府のしぶとい攻撃をはね返します。そして1867年10月、幕府に、自分からすすんで朝廷に政権を返させる大政奉還を成功させました。

●近代への一歩を踏み出す

　政権は幕府から朝廷へ、すんなり移ったわけではありません。腹のおさまらない幕府軍は、あちこちに集結して官軍に抵抗し、鳥羽・伏見の戦いへとふくれあがっていきました。戦火は、上野の彰義隊の戦い、会津若松の戦い、箱館五稜郭の戦いとしだいに北にすすみ、幕府軍の若い兵士たちは、ついには悲痛な最期をとげます。

　こうして、1868年、明治新政府の世となりました。
　港を開いてまもない神戸に、外国事務掛として、外国人を相手に、どうどうと仕事をしている俊輔のすがたが

ありました。やがて、兵庫県の県知事になりますが、都が東京に移ると、さっそく新政府によびよせられ、俊輔は大蔵少輔という大臣の次の位につきます。

まだ、28歳ですから、俊輔の出世には目を見はるばかりです。いいえ、もう俊輔ではなく、このころには伊藤博文という名に変わっていました。

この少輔のときに、博文は、鉄道をしくことを政府に提案しました。

「日本を豊かな国にするには、産業をおこし、貿易をさかんにしなければなりません。いまのような荷車で産物を運んでいたのでは、大きな発展はのぞめません」

しかし、政府は、なかなか同意しませんでした。

「世界の先進国は、国じゅうを蒸気機関車が縦横に走っています。その輸送力はおどろくほどです」

ロンドン留学の経験が博文に自信をもたせていました。

3年ののちには、博文のねがいがかなって、新橋・横浜間に、日本ではじめて鉄道がしかれます。まっ黒なけむりをはいて大きな車体をきしませながら2本のレールの上を走る蒸気機関車に、人びとは目を見はりました。

● **明治政府の立役者**

博文にとって忙しい日びがつづきます。

　貨へい制度を研究するためにアメリカに渡り、帰国すると休む間もなく、こんどは岩倉具視の一行に加わって欧米視察の旅です。この旅によって博文の見識はますますみがかれました。のちの明治政府をリードしていく力は、このときにつちかわれたに違いありません。
　一行が帰国した1873年9月、日本国内は、征韓論でわきたっていました。
「朝鮮を討つべし！」ととなえる西郷隆盛たちを、博文はいっしょうけんめい説きふせました。
「戦争をするよりも、国内の産業をさかんにしなければ、とりかえしのつかないことになります」

征韓論者たちはやぶれ、政府を去りました。
　木戸孝允、西郷隆盛、大久保利通と、明治維新の指導者たちが、あいついで世を去ると、政界の中心に出てきたのが、伊藤博文です。政府の最高指導者となりました。
　自由民権運動におされて、憲法を作る必要を感じた博文は、ドイツにおもむき帝王中心の憲法を学んで帰国します。およそ10年の歳月をかけて、博文を中心に「大日本帝国憲法」が完成しますが、天皇を神とたてまつった内容で、自由民権ではありませんでした。
　国民がほんとうの主権を手にするまでに、それから60年近く待たなければならないことになります。
　しかし、大日本帝国憲法と伊藤博文の名は、きりはなすことはできません。
　激しくゆれ動く明治の世で、博文は、1885年に日本で最初の内閣総理大臣になり、そのご1900年までのあいだに、その総理大臣をあわせて4回もつとめました。そして、国を富ませ兵力を強めて、国の力を大きくしていく富国強兵の政治を進めました。また、すぐれた外交の手腕を発揮して外国との交わりにあたり、アジアにおける日本の地位を高めることにも力をつくしました。
　日清戦争を終わらせる下関条約や、日露戦争を終わらせるポーツマス条約などがむすばれたのも、博文が総理

大臣のときです。また、韓国への支配権を強め、自分から韓国統監の任について、韓国を日本の領土とする韓国併合への道をひらいたのも、博文です。

しかし、これらによって、日本の力を世界に示すことはできましたが、博文にとっては、命をおとすもとになってしまいました。1909年の10月に、満州（1932年から1945年まで、中国の東北地方に日本がつくっていた国）へ視察に行ったとき、ハルビンの駅で、日韓併合に反対する韓国人に射殺されてしまったのです。

来原良蔵の教えどおり「ずっと先を見る」ことでつき進んだ、68歳の生涯でした。

田中正造
（1841—1913）

足尾銅山の鉱毒に苦しむ農民のために立ちあがり、公害問題に命をかけて闘った政治家。

●きみょうなできごと

　1896年（明治29年）の秋、台風が日本列島を直撃しました。関東の野にも、暴風雨が吹きあれていました。桐生、足利を経て利根川に流れこむ渡良瀬川の流れは、まっ黒なうねりとなってもりあがり、橋をかたっぱしからそぎ落とし、ぐんぐん水かさを増していきます。村のはんしょうがけたたましく鳴り響きました。
「堤防がきれたぞー」
「社の森にはやくにげろー」
　濁流はさらにいきおいをまし、あっというまに渡良瀬川いったいの田んぼや畑をのみこんでしまいました。
　6日間吹きまくったあらしも、うそのように去り、秋の強い陽が村むらを照らしだしました。一面、どろの海です。村びとは、ぼうぜんと立ちつくすばかりです。

「これはひどい。ひどすぎる」

　すげがさをかぶって、どろ水のなかを歩きまわり、被害のようすを調べている、からだのがっちりした男がいました。地もと出身の衆議院議員、田中正造です。

　渡良瀬川の沿岸をたんねんに歩いてみると、正造にはふにおちないことがずいぶんありました。

　こう水のあとは、川上から運ばれてきたたくさんの肥えた土に、いっせいに草がはびこるものです。ところが1本の草もはえてきません。水がひいて、川の流れはもとにもどったのに、魚の死がいがいっこうにへらないのもふしぎです。水のひいた畑でしごとをすると、やけど

をしたみたいに、指の先が赤くはれあがります。
　村びとは、うわさしました。
「川の水に毒があるんじゃなかろうか」
「川の流木をふろでたいたら、きいろい煙が出て、へんなにおいがした。それからどうも目のぐあいがよくねぇ」
　下痢がとまらずに寝こんでしまうもの、高熱がつづいたあげく死ぬものまで出てきました。
「魚ばかりじゃねぇ。家畜やわしら人間まで……なんておそろしい毒水なんだ」
　原因がはっきりしないまま、いく年かがすぎました。
　そのあいだにもこう水はたびたびおこり、渡良瀬川周辺の異常なできごとは日ましにひどくなっていきました。

●おそろしい水

　川の水源地足尾は、深い山のなかにありました。
　山はだはうっそうとした大森林におおわれ深い谷間に落ちこんでいました。森林のくさった木の実やかれ葉は雨がふるたびに、どろといっしょに渡良瀬川に流れ落ち川下に運ばれ、またとない天然の肥料となって沿岸の田畑をうるおしてきました。
　こうしてながいあいだつづいてきた平和なくらしに、暗いかげがさしはじめたのは、水源地の足尾で銅を掘り

出すようになってからでした。1877年以後のことです。

　銅山の経営者古河市兵衛は、新しい機械をとり入れて生産高をどんどんあげ、銅を運びだすために橋や道路を整備し、運搬用の鉄道までしきました。

　そのため、いまや森林は切りたおされ、山はだはかきけずられてみにくく地はだをさらけだしています。谷という谷は、銅をとったあとの廃石でうめつくされてしまいました。雨にうたれてかたまった廃石をダイナマイトでくだいて、渡良瀬川にどんどん投げすてるので、川の水はぶきみに青白くにごっています。

　ある晩、村の集会で田中正造は確信にみちたまなざし

で、村びとの質問にこたえていました。
「もはや疑うよちはない。毒水の原因は、足尾銅山で流す鉱毒なのだ。学者がそれをみとめているんだ」
　ながいあごひげは、いかにも老人めいていますが、鋭く光る目といい、声高な話しぶりからは、とても50歳をすぎた人とは思えません。
「こうどく？」
　ききなれない言葉に、村びとはひざをのりだして、正造の話に耳をかたむけます。
「銅をとったあとの残りかすのなかには、りゅうさん銅とか、わしらの知らんおそろしい毒がふくまれておる。そのしまつをきちんとしないで川に投げすてるから、毒が水にとけて下流に流れてきてここらを荒しまわるんだ」
「むかしにくらべて、こう水がふえたのも、田中先生、銅山に関係あるんでしょうか」
「山に木がありゃ、水はあばれたりしない。燃料や銅坑の坑木に使うために、やたらと木を切りたおすから、自然のつりあいがとれなくなって、水があばれだすのだ」
　木をたおす。山はだをけずる。銅をとったあとのかすを川に流す。木がないためにどっと水がおしよせこう水がおこる。毒をふくんだ川があふれ、村むらをおそう。
　これらのことは、自然の災害ではない。銅をたくさん

ほり出してもうけようとする人間がやっていることだ。

　そのことがはっきりわかったとき、村びとたちのながいあいだの不安は、もえたぎる怒りへと変わっていきました。

● 議会でのたたかい

　正造は、かなりはやくから足尾の鉱毒に疑いをかけていました。国会でも質問に立つごとに、鉱毒問題をとりあげるようううったえてきました。しかし、大臣はいい返事をしませんでした。毒水が銅山から流れだしているという証拠はどこにもないというのです。

正造は怒りにふるえました。
「渡良瀬川の流域は、土地が肥えていて作物がよく実り、関東でもゆたかなところだったのですよ。それがどうでしょう、この変わりようは！まるで地獄図を見るようです。関東平野のどまん中に死の砂ばくができているのに、政府はよくだまっておれますね。国の政治というのは、いったいなんのためにあるのですか」

農商務大臣の陸奥宗光は「もっか調査中ですので……」と言ったきり、なにもこたえようとはしません。
「なにを調査中なんです？学者もみとめてますよ、鉱毒のことは。げんに、このために人が死んでるのですぞ。少しでも疑わしかったら、採掘を中止させるべきだ」

陸奥大臣の息子は、子どものいない古河市兵衛の養子になっていました。ふたりは親類関係にあったのです。
「そんなことで政治が左右されたんじゃたまらない」

何十万という農民のいのちがかかっているのだと思うと、正造は一歩もあとへはひけない気持ちでした。

● **政治のうらおもて**

議員のなかには正造に理解をしめしてくれる人もいました。しかし、正造の運動がはげしくなるにつれて、ひとり、ふたりとへっていきました。

　さまざまな忠告が、正造の耳を通りすぎていきました。
「これからの世の中に、銅は欠かせないものだからなぁ。日本の経済の発展のためには、多少の犠牲は……」
「地方のそんなちいさなことにかかわっていると、大きな政治家にはなれんぞ」
　渡良瀬川の鉱毒問題を、正造は、地方のちいさなこととは考えていませんでした。また、日本経済の発展のために、ひとりの人間のいのちだって犠牲になってはならないと思っていました。
　東京での議会がおわると、被害地にもどり、川に沿って村むらを訪ね、農民の話をくわしく聞いてまわります。

選挙の人気かせぎだなどと悪口を言う人もいます。正造が選挙のたびに農民の大きな支持を得て当選するのを快く思わない人もいました。古河市兵衛です。古河は、何度か対立の候補者を出し正造を落選させようとしましたが、正造によせる農民の信頼は変わりませんでした。
　ようやく、政府は古河銅山に対して、毒の流出を防ぐ工事をするよう言いわたしました。それをしなければ営業を停止させると条文にはしるされていました。
　しかし、いつまで待っても鉱毒の流出はへるどころか銅の掘り出しがふえるとともにひどくなるいっぽうです。
「大臣に進言する。足尾銅山の営業停止を1日もはやく決定してほしい。このままでは村がほろびてしまう」
　絶叫する正造の目がなみだでくもっています。なさけない気持ちで、正造は議場を出ていきました。

●いかりとなやみ

　農民たちのがまんも限界に達しました。リヤカーに身のまわりのものをつんで、あてもなく村を出ていく家族もあります。その日、口にするものさえ村にいては手にはいりにくいのです。あっちを見ても、こっちをむいても病人ばかり。これ以上、どうやって生きていけばよいのでしょう。

栃木、茨城、埼玉、群馬、千葉の農民が、政府にうったえでるため、利根川をこえ、こぞって上京しました。

1897年ころから、東京におしかける農民の数はしだいにふえ、3年後にはおよそ1万人にふくれあがり、とちゅうで待ちぶせていた警官隊ともみ合い、たくさんのけが人が出ました。そのうえ、100人あまりの農民は、とらえられて監獄におくられてしまいました。

「これでは農民の苦しみはますばかりだ。別のやりかたを考えなければならない」

政治家の心はくさっていると正造は思いました。

鉱毒事件のほんとうのすがたを知れば、心ある人なら

農民の側に立つはずだ。まず、ひとりでもおおくの人にこのことを知ってもらおう。

集会で、新聞で、雑誌で、正造はおりあるごとに鉱毒事件について、できるだけくわしくうったえました。

幸徳秋水、内村鑑三、木下尚江なども、講演会で政府のやりかたをきびしく批判した人たちです。

政府は、とらえた農民を裁判にかけるという反撃を加えてきました。

正造は、国会議員として議会を通して政府とたたかうことにも限りがあることをしみじみ知らされました。

「これからは一農民として、農民とともにたたかおう」

正造はすでに60歳。ひげも白くなりました。政府をあいてにあけくれているうちに10年たってしまったのです。

「いそがなければ……。なかまが死んでしまう」

1901年の10月、田中正造は国会議員をやめました。

「もはや、最後の手段しかない」

● **かくごのくわだて**

それから2か月ほどした12月10日。

議会の開院式を終えた明治天皇の一行が、皇居にむかって馬車を走らせていました。沿道の人びとは、行列が通過するあいだ、つつしみ深く頭をさげて馬車のきし

む音を耳にしていました。ひときわ美しい金ぶちの天皇の馬車がひづめの音たかく日比谷の通りを過ぎようとしたとき、とつぜん、黒いきものの老人がとび出しました。
「おねがいがございます。おねがいがございます」
　右手に高く書状をかかげ、天皇の馬車に向かって突進する老人の顔はまっ青です。田中正造でした。
　騎兵はとっさに老人を馬でさえぎり、かけよった警官はたばになって正造のからだをおさえつけました。
　天皇の金ぶちの馬車は、なにごともなかったように軽やかに遠ざかっていきました。一瞬のできごとでした。
　天皇が神さまのように考えられていた時代です。その

天皇へ直接うったえ出ようとしたのですから、たいへんな罪をおかしたことになります。
「田中先生は、死刑になるだろうか」
「自分のいのちをかけてまで、わしらのために……」
正造の身を案じて、村びとたちの胸はいたみました。

● たたかいはつづく

正造は罪には問われませんでした。「狂人のしたこと」としてかたづけられてしまいました。正造をとがめればことが大きくなり、それによって鉱毒問題が世に広まることを、国はなによりもおそれていたからです。

死をかくごでおこなった正造の行為は、人びとの心をゆさぶりました。ひにくにも、鉱毒事件はいっそう関心をもたれるようになったのです。古河市兵衛や政府への抗議運動がもりあがり、被害民をすくう会もできました。

しかし、すべてがよい方にむかっていたわけではありません。はんらんを防ぐため毒水を１か所に集めようと政府は計画し、ため池は渡良瀬川と利根川の合流点に近い谷中村が選ばれました。１つの村が水底に沈むのです。

谷中村の農民が、こぞって反対運動に立ちあがったのはいうまでもありません。

「こうしているあいだにも、被害民は死んでいく……」

　そういって正造はなみだをあふれさせました。
　妻を家にのこして正造はひとり谷中村に移り住みました。たたかいのためのほったて小屋は、70歳になろうという老いたからだに、決していいはずはありません。村には満足な食べものもなく、正造は日を追ってやせていきました。晩年、正造はよくつぶやいていました。
「わたしは農民の指導者なんかじゃない。農民こそが、わたしの指導者だ。農民は、にんたい強い……」
　すげがさと１つのずた袋を残して正造は死にました。
　告別の日、訪れる会葬者はひきもきらず、１万人を超す人びとの列がとぎれることなくつづいていました。

> # 北里柴三郎
> (1852—1931)
>
> 破傷風菌の純粋培養に成功して、日本の細菌学と伝染病研究のために貢献した医学者。

●破傷風菌の純粋培養に成功！

　北里柴三郎は、1889年に破傷風菌の純粋培養に成功し、さらによく年には、この菌の毒を消す抗毒素を発見して、血清療法の基礎をつくった細菌学者です。これは日本の医学界では初めての、世界的な偉業でした。

　1885年、32歳でドイツへ留学した柴三郎は、ベルリンのコッホ研究所に入って学びました。コッホは、炭疽病、結核菌、コレラ菌を発見して、のちにノーベル生理・医学賞を受賞した、偉大な細菌学者です。

　柴三郎が、そのコッホのもとで破傷風の研究を始めたのは、留学して、2年たってからのことです。柴三郎は「下宿と研究所をむすぶ道しか歩いたことがないだろう」と、うわさされるくらい勤勉で、たちまち、コッホにみとめられるようになりました。

　日本からやってきたひとりの医学者が、世界の一流の学者が苦心に苦心をかさねてもできなかった、むずかしい研究にとりくめたのも、柴三郎を見つめる、コッホのあたたかい目があったからです。

　破傷風は、けがをした傷口から病原菌が入り、しばらくすると、はげしいけいれんをおこし、放っておくと命もうばわれてしまうという、おそろしい病気です。

　すでに、伝染病であることはつきとめられ、ドイツのニコライエルによって、病原菌も発見されていました。しかし、ニコライエルの発見した菌には、ほかの菌もまじっていて、純粋な破傷風菌ではありませんでした。

それまでに、結核やコレラなどは、その菌だけをとりだして、人工的に増殖させる純粋培養に成功していましたが、破傷風菌だけはなぞにつつまれ、この菌の純粋培養は不可能ではないかと、発表した学者もいました。

　柴三郎は、そんな学者の弱い考えをはねのけて、ひとりで研究を始めたのです。研究所の人びとには、日本人がむだなことをやっているというような目つきで見られました。しかし、生まれつき負けん気の強い柴三郎は、どんなことにも、おじけることはありませんでした。

　やがて柴三郎は、ゼラチンに針で菌をうえつけて観察をつづけるうちに、破傷風菌だけは、空気をきらって、奥のほうにふえることをつきとめました。

　また、菌に熱を加える実験で、菌がどれくらいの温度まで生きているかをたしかめました。そして研究を始めて２年めに、このふたつの方法を利用して、ついに破傷風菌の純粋培養に成功したのです。

●軍人への夢を捨てて医学の道へ

　柴三郎は、1852年12月、肥後国（熊本県）の阿蘇の山奥の北里村に生まれました。アメリカの海軍将官ペリーが、日本に開国をもとめて浦賀へ来航する、半年ほど前のことです。父の惟信は庄屋（いまの村長）をつとめ、

母の貞子は、学問をこのみ、気性のしっかりした人でした。柴三郎の一生をつらぬいた、強い負けずぎらいは、この母からうけついだものだったといってもよいでしょう。

少年時代の柴三郎は、わんぱくでした。寺子屋へかよわされても、祖父の家にあずけられても、落ちついて学問にはげもうとはしませんでした。学問の道を進むよりも、軍人になって国のためにはたらきたいという夢を、幼い胸にいだいていたからです。

13歳のとき、60キロメートルはなれた熊本城下へでました。尊王攘夷の運動が日ごとにはげしくなり、世の中がゆれ動いていたときです。儒学を学び武芸にはげん

で、早く軍人になろうという思いがますます高まり、柴三郎はいくつかの塾で学んだのち、1869年には藩の学校の時習館へ入りました。そして、つぎの年に、廃藩置県によって時習館が廃校になるまで、学問とともに、柔道や剣道や水泳などで、体をきたえることにつとめました。

やがて、郷里の北里村へ帰った柴三郎は、明治政府が軍人を募集していることを知り、軍人になりたいことを、思いきって父に話しました。しかし、父は大反対です。

「この血なまぐさい世の中で、長男のおまえを軍人にしたくはない。北里家をついで田畑を守ってほしいと考えていたのだ。学問はよいが、軍人だけはゆるさない」

父のきびしい言葉に、柴三郎は、しかたなく従いました。軍人をあきらめてしまったわけではありません。いまは父のいうことをきいて勉強をすることにして、そのうち軍人の道へ進もうと考えたのです。

1871年、18歳の柴三郎は、医学所病院（よく年から熊本医学校）へ入りました。もちろん、医者になる気はありません。でも、蘭学だけは熱心に学びました。

ところが、この学校に入学したことが、世界の細菌学者北里柴三郎の誕生に、大きな意味をもつことになります。それは、オランダ人の教師マンスフェルトにめぐりあったことです。

　ある日、マンスフェルトに、きかれました。
「君は、本心から医者になろうと思っていますか？」
　マンスフェルトは、柴三郎がすぐれた才能をもちながら、本気になって医学を勉強しようとしないのを、ふしぎに思っていたからです。この先生なら、きっと理解してもらえると信じた柴三郎は、ほんとうは軍人になりたいことや、蘭学だけは、文明開化の世の中に必要だから学んでいることなどを、正直に話しました。
　すると、マンスフェルトから返ってきたのは、やさしさのなかに、医者としての誇りにもえた言葉でした。
「男が自分の考えをつらぬいて軍人になるのもいいで

しょうが、人間の生命を助けるために研究をかさねる医学も、けっして、つまらない学問ではありませんよ」

柴三郎の心は少しは動きましたが、医者よりも軍人のほうが国の役にたてるという考えは、やはり、変わりませんでした。でも、それからまもなく、マンスフェルトの言葉がわかるときが、おとずれました。

ある日、顕微鏡で人体の組織標本をのぞいた柴三郎は、その神秘な世界におどろき、医学という学問の広さと深さに、すっかり心をうばわれたのです。

「病人をみる医者になることだけが、医学ではなかったのだ。よし、もうまよわずに医学の道を進もう」

柴三郎は決心しました。そして、それからはマンスフェルトの講義の通訳の役を果たすほどになりました。

しかし、1874年に任期がきれたマンスフェルトは「わたしが君に教えたのは、まだ、医学の入り口にすぎません。もっと勉強したいなら東京の医学校で学び、さらに外国へ留学するとよいでしょう」というはげましの言葉を残して、熊本を去りました。

柴三郎は、その言葉のとおり、マンスフェルトのあとを追うようにして熊本医学校を退学し、その年のうちに東へむかうと、よく年、23歳で東京医学校（のちの東京大学医学部）へ進みました。

● 32歳で実現したドイツ留学

　東京医学校へ入った柴三郎は、牛乳配達などいろいろなアルバイトで生活を支えながら、勉強をつづけました。
　そのころの東京医学校は、熊本医学校とはちがって、ドイツ医学を教えていました。柴三郎は、ドイツ語とともに新しい医学を夢中で学び、しだいに、人間の病気を防ぐ予防医学に興味をいだくようになっていきました。
　卒業ご、柴三郎は、高い給料がもらえる病院長や医学校長の職などには見むきもせず、給料はたいへん少ない内務省の衛生局につとめました。衛生局にいれば、マン

スフェルトがすすめてくれたように、外国へ留学できる機会がおとずれると考えたからです。

衛生局ではたらき始めて２年あまりすぎた1885年、衛生局東京試験所によばれて、細菌の研究をすることになりました。夢にえがいた留学、それも、世界の細菌学者コッホのいるドイツへの留学が実現したのは、それからまもなくです。軍人の夢を捨てて医学に生きがいをみつけてきた柴三郎は、こうして「破傷風菌の純粋培養に成功！」への道へ進んでいったのです。

●帰国して伝染病研究所のために

およそ６年間のドイツ留学で、世界の細菌学者のひとりとなった39歳の柴三郎は、1892年に、日本へ帰ってきました。そして、体をやすめるまもなく、日本に伝染病研究所をつくるために、力をつくし始めました。外国を見てきて、日本の公衆衛生がたいへんおくれていることがわかり、伝染病の予防と研究をいそがなければいけないと考えたからです。

しかし、最初の予定を３年のばした長い留学で、すでに役人をとかれていたこともあって、文部省も東京帝国大学も、柴三郎をまったく相手にしてくれません。日本の医学がおくれているばかりか、医学にたずさわる人び

との心のせまさを思うと、柴三郎は、怒りとも悲しみともつかない気持ちにおそわれました。

柴三郎の心が静まったのは、『学問のすすめ』を書き慶応義塾をつくって、日本の新しい発展に目を開いていた福沢諭吉に会ってからです。柴三郎は、伝染病研究所が、どんなにたいせつなものであるかを、いっしょうけんめいに説きました。すると、このとき57歳の諭吉は、力づよく、柴三郎をはげましてくれました。

「こんなにすぐれた学者がいるというのに、なにもしてやらないなんて、国のはじだ。北里さん、負けずにがんばってください。資金を集めてから仕事にかかるより、

まず、仕事を始めてしまったほうが、よいでしょう」

諭吉の力で、芝公園内に研究所ができたのは、それからわずか1か月ごでした。2階建ての小さなものでも、日本で最初の、それに、ただひとつの伝染病研究室です。柴三郎は、世界の細菌学者の名誉などは捨てて、若い人たちといっしょになって研究にとりくみました。

つぎの年の1893年には、柴三郎を応援する人たちの協力で、国から補助金がもらえるようになり、芝区愛宕町の内務省の用地に、研究所を新しく建設することが決まりました。ところが、文部省や東京帝国大学などとの対立は、ますます深まる一方です。そのうえ、伝染病をもちこむ研究所の建設は危険だという、住民たちの反対にもあい、ようやく研究所ができたのは、1年ごでした。

留学から帰ってからの柴三郎は、たたかいの連続でした。しかし研究をおこたることはなく、新しい研究所が完成してから3か月ごには、ペストが流行していた香港へ、日本を代表する医学者のひとりとして渡り、世界から集まっていた医学者のなかでもっとも早くペスト菌を発見して、さらに名を高めました。

これからのちに柴三郎は、赤痢菌を発見した志賀潔、狂犬病ワクチンの研究に光をあてた梅野信吉、それに蛇の毒や黄熱病の研究で世界に名をあげた野口英世など、

おおくのすぐれた医学者を育てています。柴三郎の強い精神がしぜんにえいきょうを与え、若い人びとを大きくはばたかせたのではないでしょうか。

●いつまでも人の恩を忘れず

　1906年、研究所は、芝区白金台に移りました。柴三郎の熱意と努力によって伝染病研究のたいせつさが強くみとめられ、研究所は内務省に付属する国のものとして新しく出発することになったのです。そして、設備もととのえられ、やがて、ドイツのコッホ研究所、フランスのパスツール研究所と肩を並べるほどになっていきまし

た。ところが、研究所は1914年に、とつぜん内務省から文部省の機関に移され、東京帝国大学の付属となってしまいました。柴三郎のかがやかしい研究をねたむ大学関係者が、柴三郎の地位を自分たちよりも下におこうとしたのだ、といわれています。

怒った柴三郎は、自分で新しく伝染病研究所をつくる決心をして、研究所をしりぞきました。柴三郎を慕って、おおくの所員もついてきてくれました。こうして1915年に完成したのが、いまも港区に残る北里研究所です。

62歳で、北里研究所の所長になってからの柴三郎は、研究は若い人たちにまかせて、自分は大日本医師会の会長になり、全国の開業医のために力をつくしました。また、慶応義塾大学に医学部をつくって初代の医学部長をつとめ、福沢諭吉の恩にむくいました。

柴三郎は、自分の仕事にはきびしくても、心のやさしい人でした。福沢諭吉に恩返しをしたのと同じようにドイツ留学中には、熊本時代の恩師マンスフェルトをオランダにたずねて、自分を医学へみちびいてくれたことにたいして、心から礼をのべています。

また、ドイツで破傷風研究の道をひらいてくれたコッホが、1908年に日本をたずねてきたときには、16年ぶりの再会をなみだを流してよろこび、コッホをまるで

父親のようにいたわりながら、日光、鎌倉、京都、奈良などの名所を案内しています。
「自分が人にはずかしくない細菌学者になれたのも、自分をみちびきはげましてくれた人がいたからだ」
柴三郎の心には、いつも、こんな感謝の気持ちがあったのでしょう。やがて、コッホが亡くなったのを知ったときには、研究所の庭に、コッホをまつる神社までつくっています。
柴三郎は、1931年6月に、78歳の人生を終えました。人いちばいの負けん気で、日本の細菌学をひらいていった、大きく美しい生涯でした。

大隈重信 (1838—1922)

　時代が明治になってまもないころ、長崎でキリスト教徒が、政府から迫害を受ける事件がおこりました。するとさっそく、イギリス公使のパークスが、政府に抗議をしてきました。このとき「日本の内政問題に口を出すな」と、つっぱねて、一歩もひけをとらずに論戦したのが、若い外交官、大隈重信です。

　大隈は、1838年、肥前国（佐賀県）の藩士の家に生まれました。幼いころはたいへん泣き虫でしたが、藩校の弘道館に入学してからは、活発な少年に成長しました。その後、蘭学や英語を学び、早くから西洋に対する目を開いていきました。そして、幕府を倒す運動に加わり、明治政府ができると、外交官として活躍を始めました。

　パークスとの交渉が評判となった大隈は、外国官副知事に出世して、日本政治の中央舞台へ踊りでました。

　政府の中で大隈は、日本がひとつになって国づくりを進めるためには、鉄道の建設や電信の設置などが必要なことを説き、産業を発展させる基礎を固めることに力を注ぎました。しかし、国会開設を求める板垣退助らの運動が高まりをみせると、これに賛成して、伊藤博文らと対立し、政府をとび出してしまいます。そしてよく年、1882年（明治15年）には、立憲改進党を結成して、政党による内閣をつくることを考えました。

　また、同じ年に東京専門学校（早稲田大学）を創立しています。学問の独立によって自由な精神を育てることを目ざして、教育の場をつくったのです。

　1888年、政府にもどった大隈は、外務大臣として江戸幕府

が結んだ外国との不平等な条約の改正交渉に乗り出しました。大隈はあせらずに少しずつ改正しようとする方針です。ところが、一気に対等な条約になることを信じていた人びとは怒り、ひとりの男に爆弾を投げつけられて、右足を失ってしまいました。

条約改正のための努力は実らず、傷心のうちにしばらく政界をしりぞきましたが、1898年、大隈は自由党の板垣と手を結び、憲政党をつくりました。それは、日本で最初の政党内閣でした。

この内閣は、大隈が総理大臣をつとめ、板垣が内務大臣となったため、隈板内閣とよばれています。しかし、党内に対立がおこり、わずか4か月で分裂してしまいました。

その後、早稲田大学の総長に就任し、おおくの本を書き、教だんに立った大隈は、77歳のとき、ふたたび総理大臣をつとめました。民衆政治家とよばれ、いつも青年のような情熱をもちつづけた生涯は、1922年、84歳で終わりをつげました。

高杉晋作（1839—1867）

　新しい日本の夜明けをひらいた明治維新にいたる道のりのなかで、長州藩（山口県）のはたした役割は大きなものでした。幕府をおいつめるたたかいに、大胆に、しかも細心の戦略をねって第一線で活躍した長州藩の中心的志士が、高杉晋作です。
　晋作は、1839年、長州藩の萩城下に150石どりの格式高い高杉家の一人息子として生まれ育ちました。18歳で藩校明倫館に学びましたが、型どおりの教育に満足できず、父の反対をおしきって吉田松陰の松下村塾に入りました。松陰の国の将来をうれい、生きた学問の大切さを知らされて目をさまし、久坂玄瑞と並んで松下村塾の双へきといわれるほど成長していきました。
　しかし、その松陰も、1859年尊皇攘夷の志士たちを弾圧した「安政の大獄」にたおれてしまいました。
　「先生、わたしがきっと幕府をたおし、あだをうちます」
　晋作は、強く心にちかいました。それからの晋作は、明倫館の舎長になったり、長州藩のせつぎである毛利定広の世話役として江戸にのぼったりしましたがあきたらず、1862年幕府の使節にしたがって清国（中国）の上海に視察旅行をしました。そこで、中国人が欧米人にこき使われている様を見た晋作は、攘夷よりも倒幕へと、考えを変えていきました。しかし帰国後、長州藩は晋作の意見をきこうとせず、上の役人にとりたてようとしたためことわり、10年間の暇を願い出てまげを切りました。
　そのころ長州藩では、攘夷論がもえあがり、1863年下関海峡を通る外国船を次つぎに砲撃しました。ところが攘夷の成功を喜ぶ間もなく、アメリカ、フランス、イギリス、オランダの

軍艦の逆しゅうにあい、下関市街は破かいされ、おおくの死者を出しました。長州藩にとってこの敗北は大問題でした。
「この窮地をすくえるのは、高杉晋作をおいて他にない」
　藩の重臣たちの懇願に晋作は立ちあがり、農民や町人らを集めて奇兵隊を組織しました。この奇兵隊がよび水になって、郷土防衛の意気あがる諸隊が次つぎに結成されていきました。
　晋作が他の藩にまで名をとどろかせたのは、1864年イギリスなど4か国の連合艦隊が下関に攻げきしてきたのち、その講和条約に長州藩代表として、立派に大役をはたしてからです。
　やがて長州藩が討幕攘夷論をかかげると、全国の志士がぞくぞく集まってきました。これに対して幕府は長州征伐をきめようとしていました。幕府に従おうと弱腰になった藩政府に対抗した晋作は、1866年全藩軍を指揮して幕府軍に勝利しました。しかしよく年、晋作は維新を目前にして病死してしまいました。

渋沢栄一 (1840—1931)

　明治になって、資本主義の道を歩きだした日本は、わずか60年あまりの間に、世界経済に追いつき、肩をならべるまでに発展しました。その日本経済界のために一生をささげて「近代日本の実業界の父」といわれた人が渋沢栄一です。

　栄一は、1840年、武蔵国（埼玉県）の豊かな農家に生まれました。父は農業だけでなく、藍玉（染料）の製造販売や、質屋の経営などを手広くおこなっていました。栄一は学問や武芸の好きな少年でしたが、14歳のころから、藍玉のとりひきなどの家業に興味をおぼえ、商人としての才覚をみせはじめました。しかし、17歳のとき代官の横暴にあい、武家支配にいきどおりを感じて、やがて討幕運動に加わるようになりました。

　24歳のとき、京都にのぼった栄一は、一橋家（徳川御三卿の1つ）の重臣から、内部から改革することの大切さを説かれて一転して一橋慶喜に仕え、一橋家の財政改善のためにはたらきました。2年あまりのちに慶喜が、徳川第15代将軍になると、こんどは幕府に仕えることになりました。

　栄一が27歳のとき、思いがけずヨーロッパへ行く機会にめぐまれました。パリで万国博覧会が開かれ、栄一は慶喜の弟昭武のおともをしていくことになったのです。この旅が、栄一の人生を決定づけたといってよいでしょう。銀行や株式による経済のしくみのすばらしさなど、栄一にはびっくりすることばかりでした。近代文明が、産業の活発化によって進歩することを、はっきり知ったのです。

　1868年（明治1年）秋、帰国したときはすでに徳川幕府は

なく、栄一は慶喜のすむ静岡にいって、日本で最初の株式会社をつくりました。そのご、大蔵省の役人としてまねかれ、税金制度や貨幣の発行などについて、おおくの仕事をしましたが、他の役人と意見があわず、3年でやめ、それから実業家としての道ひと筋に歩みつづけました。

　第一に着手した仕事は、日本で最初の銀行、第一国立銀行の設立でした。それからの栄一は、抄紙会社（のちの王子製紙）をはじめ、次つぎに企業の経営にのりだしました。東京海上保険、共同運輸（のちの日本郵船）、大阪紡績（のちの東洋紡）、帝国ホテル、札幌麦酒、石川島造船所など、その数は500以上にものぼります。さらに、慈恵会、東京養育院などの病院や、東京高等商業（のちの一橋大学）、日本女子大学などの学校の設立や発展にも力をつくして、91歳で亡くなりました。

　栄一の生涯は、まさに日本の実業界の発展史でもありました。

新島　襄（1843—1890）

　新島襄は、文明開化のためにはキリスト教精神を広めることが大切であると、同志社を設立して、徳富蘇峰、安部磯雄らたくさんの人材を育てた教育者として知られています。

　襄は1843年、上野国（群馬県）安中藩の江戸屋敷で、武士の子として生まれ、幼名を七五三太といいました。祖父は時代の流れをしっかりみきわめる進歩的な考えの人でした。その祖父のえいきょうをうけて、少年のころは蘭学を学びましたが、開国をきっかけにして、洋学の主流は英学になっているのを感じとり、英学に転じました。そして、函館に出て英語を学ぶうち、西洋文明を自分の目で確かめたいと思い始めました。

　1864年、21歳の襄は、いだきつづけた海外渡航の夢をふくらませて、友人の手びきと船長の理解でアメリカ船ベルリン号にのりこみました。日本は開国はしていたものの、海外への渡航は禁じていたので、なかば死を覚悟の密出国でした。まず上海に渡り、ワイルド・ロバート号へのりかえて翌年ボストンへ着きました。襄は船の中で親しみをこめてジョーと呼ばれたため、それから自分の名に襄という字をあてたということです。

　ボストンでの襄は、船主のハーディ夫妻のたすけをうけ、学校へ通って聖書の研究に熱中しました。やがてキリスト教の洗礼を受け、キリスト教に自分の一生をささげる決意をしました。

　アメリカに渡って3年目、襄は日本が明治の時代になったことを知りました。26歳でした。それから数年ご、明治新政府の役人たちが外国の進んだ政治や文化を学ぶためにアメリカにもやってきました。案内役をたのまれた襄は、ヨーロッパ諸国

をまわりましたが、このとき木戸孝允や田中不二麿ら政府の要人に人物の優秀さを見こまれました。

　1874年襄は、3000人のアメリカ伝道協会の会衆の前で、日本にキリスト教の大学を設立するための協力をうったえ、多くの寄付を集めました。そして、その年の秋、襄は10年ぶりに日本の土をふみしめました。

　帰国当初、襄の考えはうけ入れてもらえませんでした。特に寺や神社からは、強い反発がありました。それでも襄の熱意と、木戸孝允や田中不二麿らの助力もあって、帰国後1年で「同志社英学校」をたてることができました。

　やがて、キリスト教精神と自由主義を学んだ卒業生は、社会の各方面で活躍し、同志社の名は広く知れわたりました。襄は、47歳で亡くなる直前まで、教育と伝道に情熱をかたむけつづけました。同志社が大学となったのは、死後21年目でした。

陸奥宗光 (1844—1897)

　江戸幕府を倒した明治政府にとって、いちばん頭のいたい問題は、1858年に江戸幕府が、アメリカ・イギリス・フランス・オランダ・ロシアの各国と結んだ通商条約でした。外国人が罪をおかしても、治外法権ができたことによって日本の法律でさばくことができませんし、外国からの輸入品に関税をかけるのも、自由に決められないという、たいへん不平等な条約だったからです。この条約を改正するという難問に取り組み、解決へ努力したのが、のちに日本外交の父といわれた陸奥宗光でした。

　1844年、宗光は、和歌山藩士伊達宗広の6番目の子としてうまれました。藩の政治にたずさわり、国学にもすぐれていた宗広の血を受けついだ宗光は、本を読んだり、議論をしたりすることが大好きな少年でした。

　18歳のころ、京都で坂本龍馬と知り合った宗光は、龍馬の組織した海援隊に入り、討幕運動に加わりました。

　明治維新ののち、政府の役人となった宗光は、持ち前の能力と、おうせいな行動力で、外国事務局御用係、地租改正局長を歴任し、1875年には元老院幹事に任命されました。しかし、薩摩藩（鹿児島県）と長州藩（山口県）の出身者による政権の独占に不満をいだいて、役人をやめてしまいました。

　西南戦争のおこった1877年、宗光は政府を倒す計画に参加したとして、投獄されました。そして、獄中にあった5年のあいだに宗光の考えは、大きく変わりました。

「政府を外から変えようとしてもだめだ。それよりも、政府のなかにいて仕事をとおして変えていこう」

　宗光は、刑期を終えると、ヨーロッパへ留学しました。外国の政治を、自分の目でたしかめたいと思ったのです。
　2年後、帰国した宗光はふたたび役人となり、伊藤博文内閣の外務大臣に就任しました。このとき「政府を倒そうとした男をなぜ大臣にするのですか」といわれた博文は「そのくらいの人物でなければ、あの仕事はつとまらない」と言ったと伝えられています。博文の言ったあの仕事とは、明治政府がかかえていた最大の難問、5か国との不平等な条約を改正することです。
　宗光は、各国とねばり強く交渉をつづけ、1894年ついにイギリスと、治外法権をなくすという条約改正に成功しました。そして、よく年、清国（中国）との講和会議が下関（山口県）で開かれたときには、博文とともに全権として、日本に有利な条件で講和条約を結びました。しかし、講和会議の2年後、病気のため53歳で亡くなりました。

中江兆民（1847—1901）

　明治時代にわきおこった自由民権運動の、理論の面での指導者としてあおがれたのが、中江兆民です。

　兆民は、江戸時代の終わりころ、1847年に土佐藩（高知県）の下級武士の家に生まれました。幼いときから学問をこころざし、19歳のころには藩の留学生として長崎へ行き、フランス語を学びました。さらに2年ごには、江戸や横浜でフランス語を学んで、フランス公使の通訳をするまでになりました。まもなく、明治政府が誕生し、政府が西洋へ留学生を送ることになると、政府の実力者のひとり、大久保利通に直接交渉して、留学生になりました。1871年（明治4年）24歳のときのことです。

　およそ3年におよぶフランス留学で、思想家ルソーのとなえた民主主義の考え方を心にきざんだ兆民は、帰国して仏学塾を開きました。やがて、フランスで知り合った西園寺公望とともに『東洋自由新聞』を創刊して、自由と権利を守ることが、どんなにたいせつであるかを訴えました。そして、1882年（明治15年）にルソーの『民約論』をほん訳して、自由民権運動を進める人びとに指導者とあおがれ、東洋のルソーとよばれるようになったのです。

　兆民は、次つぎと政府の政策を批判する文章を書き、国民のことを考えない政治のあり方に反対しつづけました。しかし、40歳のとき、政府ににらまれて東京を追放されてしまいます。大阪へ行った兆民は『東雲新聞』を創刊して、くじけることなく言論を武器にして政府と闘いました。

　1890年（明治23年）におこなわれた第1回の衆議院選挙

に立候補した兆民は、ほとんど金を使わずに当選しました。ところが、議会が開かれると、政府を批判すべきはずの野党の人たちが、政府に買収されているのをまのあたりにしました。胸のなかがはげしい怒りでいっぱいになった兆民は、きたない政治の世界に失望して議員をやめてしまいました。そのご、理想とする政党をつくるために、実業家となって資金を得ようとしましたが、ことごとく失敗してしまいました。

　1901年、医師からがんにおかされており1年半しか生きられないと告げられた兆民は、最後の気力をふりしぼって、『一年有半』『続一年有半』を遺書のつもりで書き、その年に静かに息をひきとりました。高い理想を掲げ、著作活動によって日本の近代化に貢献した兆民でしたが、印ばんてんに腹がけ、ももひき姿で講演したり、夏の暑い日に井戸の中に綱でつるしたかごに入って読書するなど、奇行の人でもありました。

西園寺公望（1849—1940）

　1919年（大正8年）、第1次世界大戦の講和会議が、パリで開かれました。このとき、日本の首席全権として、すぐれた外交手腕を発揮したのが、西園寺公望です。
　公望は、ペリーが浦賀（神奈川県）に来航する4年前の1849年に、京都の公家、徳大寺公純の次男として生まれました。そして、3歳のとき、公家の西園寺師季の養子となりました。
　格式の高い家に生まれ育った公望は、幼いころから学問ずきで、わずか13歳のころには、のちの明治天皇に仕え、1867年12月の王政復古ののち、19歳の若さで、政府の参与という高い地位につきました。さらに、よく年には越後府知事を任じられるという、すばらしく早い出世でした。しかし、公望の心の中には、ひとつの思いがうずまいていました。
　「これからの日本は、世界に目をむけなくてはいけない。そのためには、もっと外国のことを知る必要がある」
　福沢諭吉の『西洋事情』を読み、外国に対するあこがれを、よりいっそう強いものとした公望は、ヨーロッパへ旅立つ決意をかためました。
　1871年、公望はパリの空の下に立ちました。おりからパリの空気を支配していたのは自由民権の思想でした。それから10年のあいだ、ソルボンヌ大学の学生として学問にはげみ、自由な思想を心にやきつけて帰国した公望は、日本でも国民が政治に参加することを求める運動が、板垣退助らによって高まっていることを知りました。そして、1881年には、パリで知り合った中江兆民とともに『東洋自由新聞』を創刊して社長

となり、退助らのおこしていた自由民権運動を支持する姿勢をしめしたのです。公望の行動は政府をたいへんおどろかせました。公家の出身でありながら、政府に反対する運動を助けているのですからむりもありません。

　政府の猛反対にあった公望は、社長をやめて、ふたたび政府の役人となりました。そして、外国の憲法を調査するため、ヨーロッパへ渡る伊藤博文に同行して、皇室制度を調べました。

　帰国ごは、博文の内閣のもとで文部大臣をつとめ、科学の重要性と自由な教育の必要性を説きました。そのごは、1906年（明治39年）と1911年の2度、総理大臣となり、大正時代からは総理大臣を天皇に推せんする役目の元老になりました。日本の政治を、明治・大正・昭和にわたって、見つめてきた公望は、日本が第2次世界大戦に参戦するおよそ1年前に、その生涯を閉じました。91歳でした。

「読書の手びき」

伊藤博文

博文が学んだ松下村塾には、先輩として、高杉晋作、入江九一、久坂玄瑞、前原一誠など、明治維新にむけて活躍した人たちがいます。吉田松陰のはげしい生き方を受けついで、多くの門弟が、幕末の世に短い命を燃焼させていきました。そんななかで、博文は明治時代を42年も生きぬき、そればかりでなく、政界の中心人物として、激しく揺れ動く明治政府をリードしてきました。長州の諸先輩の屍を乗り越えて、総理大臣という最高の座を獲得した博文は、まさに、松下村塾の出世頭といえます。松陰は「素朴で実直、よく気がつく。人の心を読むのが実にうまい。人と人とをとりもつことにもたけている。政治家になったら成功するかも知れん」と、若いころの博文を評しています。この性質に加えて、よき師よき友に恵まれていたことも幸運でした。かれらの存在は、きびしい身分制度の中で、名もない足軽の子が身をたてていくための大きな推進力だったといえます。

田中正造

下野国（栃木県）の村名主の家に生まれ、17歳で父のあとをついで名主となった田中正造は、27歳のとき投獄されています。農民たちを貧しさから救うために、領主の乱れた政策をはげしく批判したからです。30歳のときには、上役の暗殺の容疑でふたたび投獄されています。正造の生涯は、権力と戦うことから始まったといってもよいでしょう。そして、衆議院議員となってからは、その政治生命を、渡良瀬川流域の足尾銅山鉱毒事件にそそぎつくしました。しかし、事件は、鉱業停止を請願する被害者への弾圧によって未解決に終わり、正造の血をはくほどの努力は、結果的には実を結びませんでした。しかし、政治家としての軌跡は、筆舌につくしがたいほど偉大です。これほどまでに自分を無にして生きた政治